ART THÉRAPIE
ADULTES
coloriages anti-stress

SURNATUREL

FRANÇOIS GAUTIER

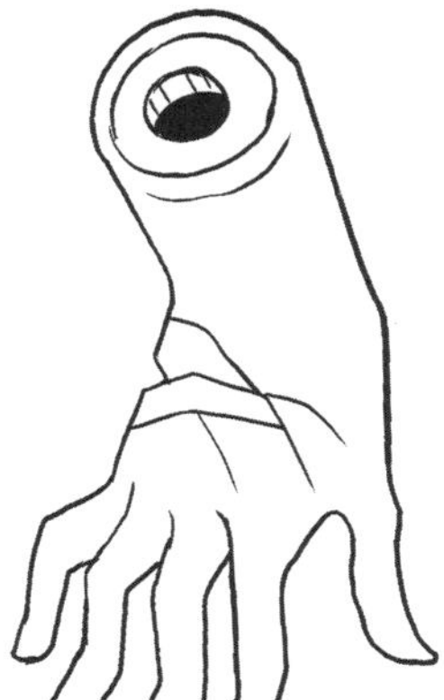

45 COLORIAGES

hachette HEROES

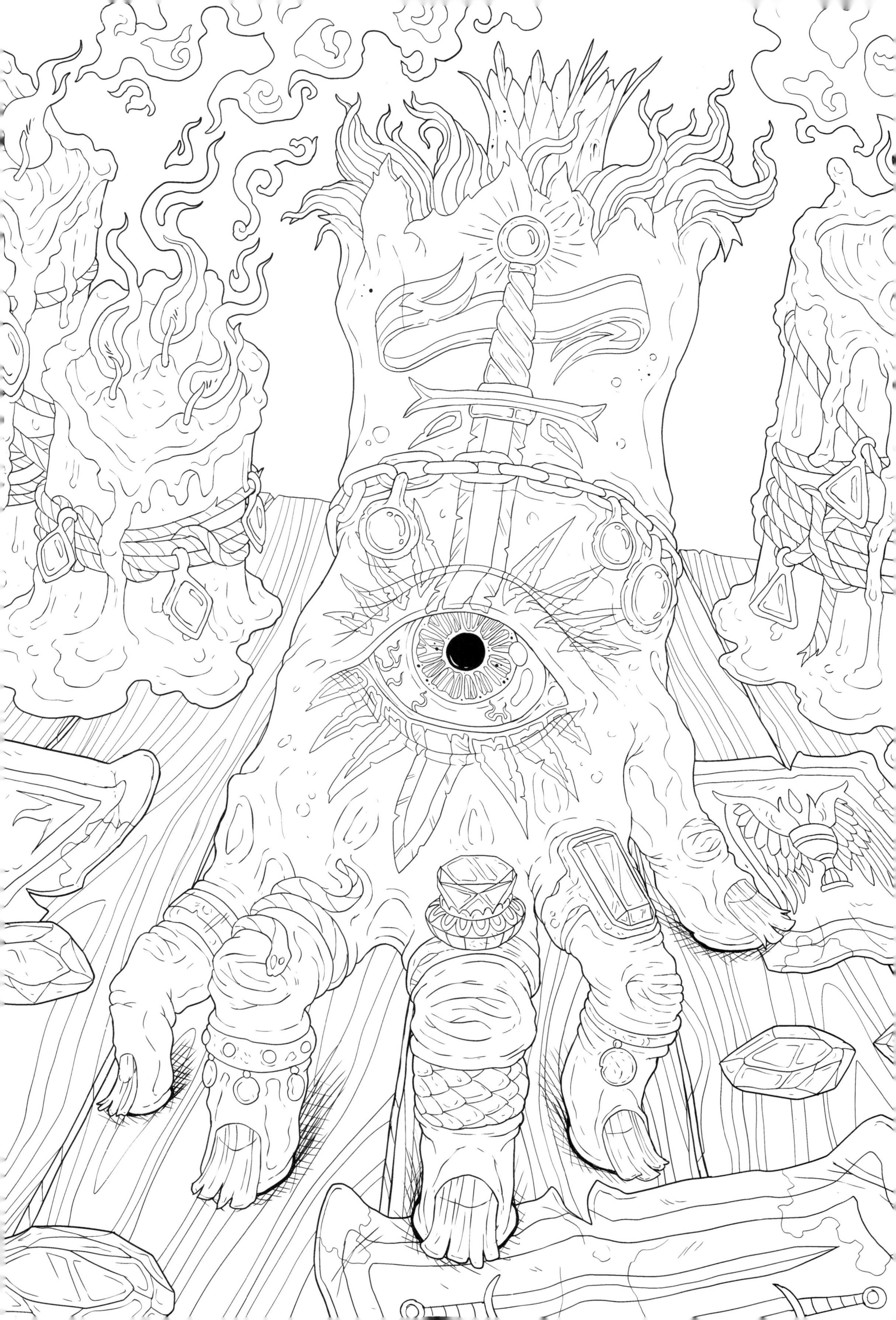

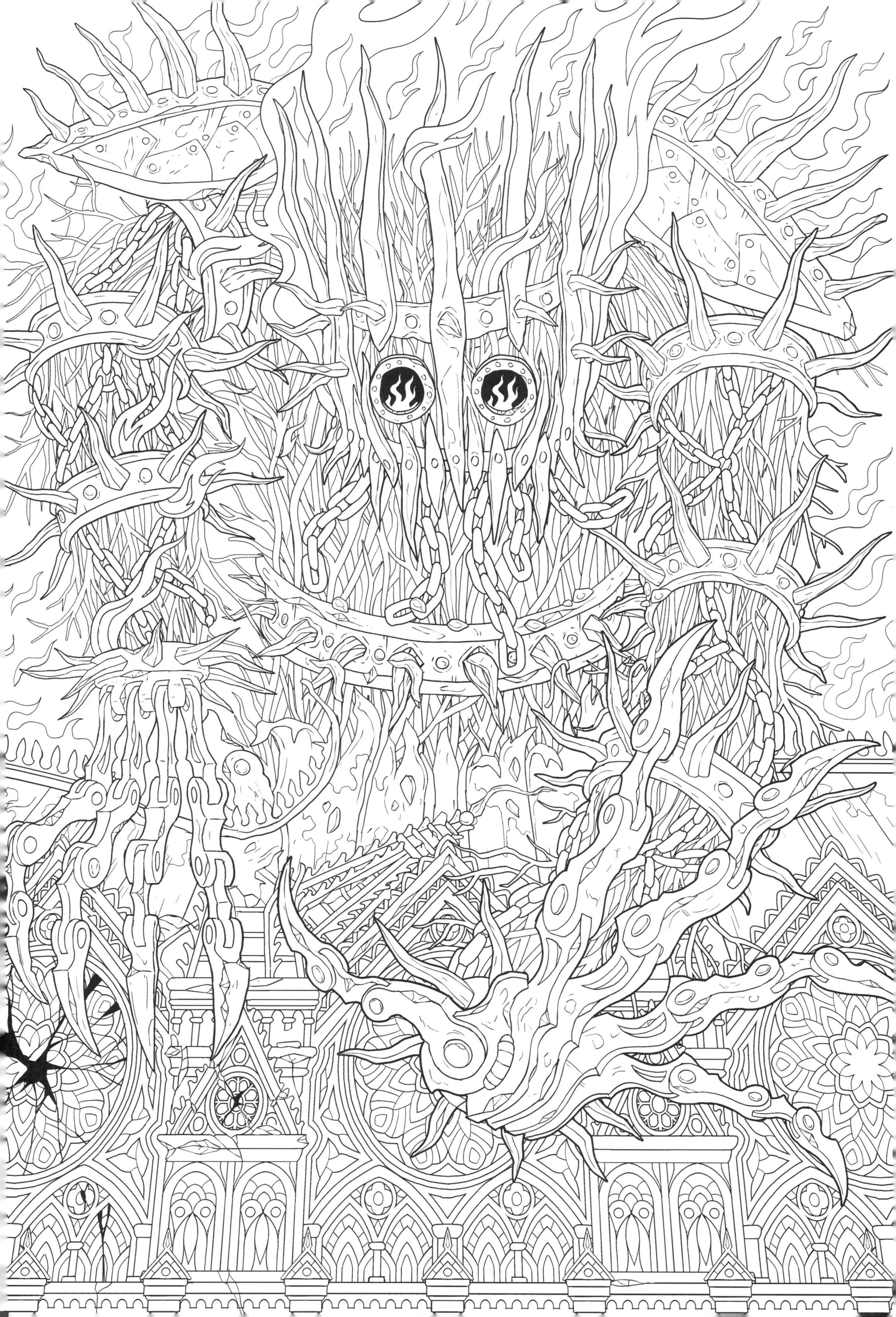

YES
NO

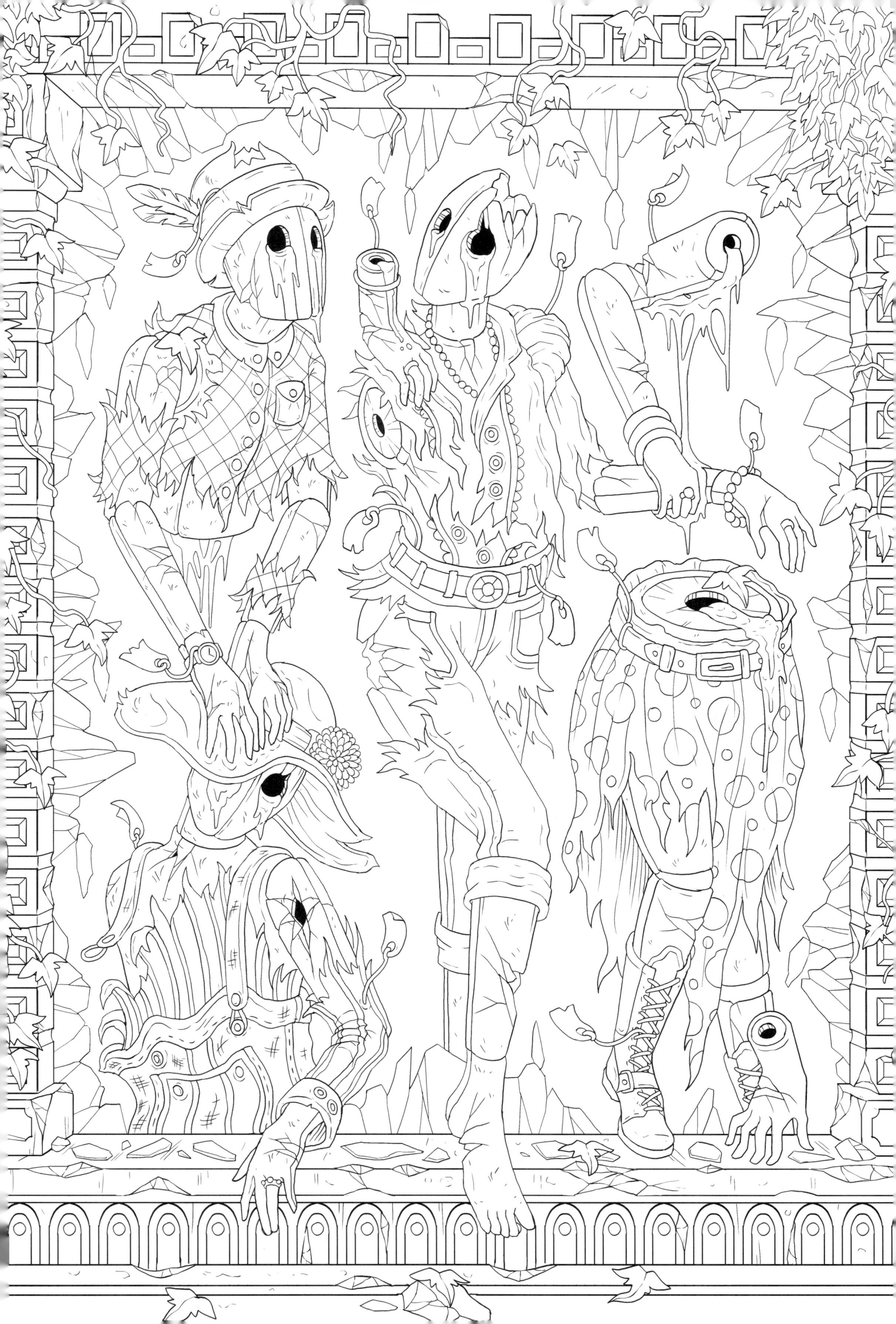

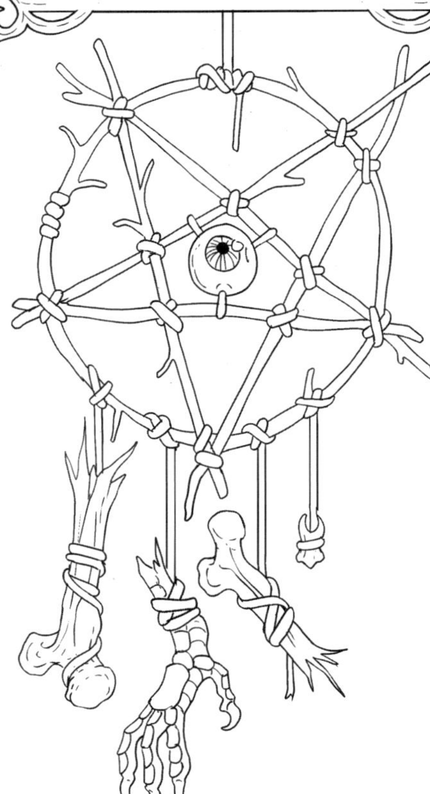

Édition originale
Livre publié pour la première fois en Grande-Bretagne en 2023, sous le titre
Dark Art Supernatural, par LOM ART, un département de Michael O'Mara Books
Limited, 9 Lion Yard, Tremadoc Road, London SW4 7NQ.

Édition française

58, rue Jean Bleuzen – 92178 Vanves Cedex

Direction : Catherine Saunier-Talec
Directeur de projet : Timothée Le Mière
Responsable de projet : Anne Vallet
Réalisation intérieure : SKGD-Création
Fabrication : Amélie Latsch
Mail de contact : contact@hachetteheroes.com

Dépôt légal : avril 2025
80-1603-6
ISBN : 978-2-01-724222-2/01
Imprimé en Chine par Starlite

PAPIER CERTIFIÉ